Oxygène

Sixtine Champetier de Ribes

Oxygène

Entre poèmes et slam, une vie s'anime

A lire d'un seul trait
ou
à effeuiller sur sa table de chevet.

© Sixtine Champetier de Ribes
BoD-Books on Demand,
12 - 14 rond-point des Champs Élysées
75008 Paris, France

Imprimé par BoD-Books on Demand,
Norderstedt, Allemagne

ISBN : 9782322041541   -   Dépôt légal : 11 - 2015

Le dépassement de soi d'un sportif comme celui de chaque être vivant révèle une source permanente de créativité, sans restriction ni limite préalable.

Il se fait l'écho des désirs, des aspirations et des capacités, révélant et stimulant une ouverture, une ambition.

De tout temps, il a insufflé un esprit d'élévation collective.

Du sport à l'art,

        Il n'y a qu'un pas,

                L'art de se vivre.

À Christiane et Bertrand qui m'ont donné vie,
À Guillaume qui m'a fait don de sa vie,
À Amandine qui m'insuffle sa force de vie,
À Yvonne qui m'a enseigné la vie.

Merci à François de Constantin qui m'a offert ses dessins.
Merci à Marie-Josèphe, Denis, Sandrine et Patricia mes fidèles correcteurs.

Avant-propos

Le jeune ou l'adulte, confronté à la réalité de la vie, peut parfois se perdre dans ses doutes, ses peurs et ses culpabilités, ne sachant plus qui il est ni vers quoi il va. Petit à petit, pétrifié, face à lui-même, il plonge dans des schémas monolithiques et réducteurs qui trop souvent mènent à la solitude et à la division.

Inconsciemment ou par ignorance, se pourrait-il que chacun génère, pour une part, ses difficultés ou ses épreuves ? Celles-ci peuvent être l'opportunité d'une remise en question. Changer d'état d'esprit, de regard sur notre vie, suscite un changement de comportement.

Oxygène s'adresse à toute personne, en quête d'un éclairage, d'un épanouissement, d'une sérénité. Nous ne sommes pas morcelés dans nos vies : affective, familiale, sociale, professionnelle... mais nous sommes *la Vie*.

Quelles que soient notre situation et nos responsabilités, nous sommes amenés à faire des choix. Encore faut-il les repérer, les oser, puis les assumer.

Malgré la banalisation des problèmes rencontrés, chaque être humain a une identité unique, il ne peut donc y avoir une globalisation des réponses. Chacun, en chaque circonstance, est le détenteur de ses propres solutions. Seuls l'échange et l'écoute permettent de les trouver en soi.

Cette communication et ces échanges sont des détonateurs, car il ne peut y avoir de communication sans véritable disponibilité intérieure. Pour favoriser l'expression, en particulier avec ceux que nous côtoyons quotidiennement, il nous faut retrouver les sentiments de liberté et de non-jugement qui rétabliront la confiance mutuelle.

C'est en ajustant, toujours plus, l'adéquation de ce que nous pensons être à la réalité de nos comportements que nous augmentons nos chances de réussite. Nos mutations ne peuvent être des actes isolés, elles sont les fruits d'une somme de dépassements personnels.

Nous pouvons changer nos pensées, nos regards, nos valeurs, sortir de nos peurs et de nos illusions, jour après jour, additionnant une multitude de renversements au quotidien, avec détermination sans désarmer devant les méandres de nos contradictions.

Nous pouvons reprendre confiance en remettant chaque jour en question nos insidieuses certitudes et attitudes qui nous paralysent et nous empêchent de rebondir positivement face aux personnes et aux événements de notre vie.

L'accomplissement de soi devrait être le moteur de toutes nos réalisations. Il n'est pas unique ni statique ; jamais définitif, il peut être furtif ou bien durable. Tout comme l'eau sur notre planète, il quitte parfois la surface de nos consciences et se perd dans le tumulte de nos préoccupations.

> « Le rêve est au départ,
> le désir est son moyen,
> l'acte est son présent,
> le sourire est à la fin,
> son nom : l'accomplissement »
>
> *(Inconnu)*

Sans intention de chapitrer !

Allô, allô, allô… 48
Amante 65
Apaiser 90
À tes yeux 16

Bon voyage 97

Cœur d'artichaut 77
Consolation 61
Couper le cordon 79
Crise de foi 116

… de chocolat 55
Des horizons pacifique 109
Droit à l'erreur 45

Elle 82
Équilibre 86

Force d'âme 58

Geek 49
Go for a date ! 110
Guérir 56

Idéalement femme 68

Jamais facile	39
Je vais bien	94
Jeunesse	29
Joyeux anniversaire	95
L'argent	46
L'attendre	71
L'éducation	33
L'enfance	72
L'espérance	119
La beauté	123
La culpabilité	18
La jalousie	22
La joie	30
La liberté	42
La maturité	80
La spiritualité	111
La trahison	60
La vie en cadeau	108
Le changement	100
Le doute	24
Le rejet	20
Le rien faire… nécessaire	52
Le temps	41
Le vilain petit canard	78
Les genoux	53
Les religions	112
Liens d'âmes	64
Lui	83
Madame la terre	62
Mère - fille	106
Mon « or tot graf » !	34
Monoparental	88
Noël	114

Orgueil et créativité 122

Pâques 115
« Part – donner » 117
Passe le temps 92
Patience 120
Permis de vivre 102
Persévérance 121
« Pierre – folle » 98
« Plein le dos » ! 74

Recette personnelle 15
Reconnaissance 37
Rencontres 66
Ruminer 28

S'abandonner 38
S'écrire 124
Sa place 40
Se faire confiance 104
Se nourrir de 54
Servir 32
Silence, dans tous ses sens 50
Son interieur 101

Tempérament exigeant 26
Tes bras 96
Tourner la page 99
Transmettre 36

Un, deux, trois… 84
Une vie après la vie 118

Y croire encore 70

Recette personnelle

Sélectionnez les meilleurs ingrédients de vous-même,

Faites-les revenir délicatement à votre conscience,

Accommodez-les avec ceux des autres sans oublier d'y apporter votre dose de créativité personnelle,

Laissez la pâte lever à température ambiante,

Pétrissez le tout avec la confiance et la détermination d'un sportif,

Saupoudrez d'un zeste d'humour,

Servez, accompagné d'une expression toujours avenante,

À consommer en toute situation, sans modération.

À tes yeux

Si tu as eu du ressentiment,
Et s'il m'a fallu du temps,
Si je n'ai pas su te parler simplement,
Et si je n'ai pas pu être un témoin vivant,
Si mon orgueil m'a aveuglé,
Et si ma conviction t'a étouffé,
Si je me suis tant combattu,
Et si tu souhaites lever les idées reçues,
Si ta curiosité dépasse ta culpabilité,
Et si tu crois à la liberté,
Si tu acceptes la différence,

.../...

Et si tu reconnais tes propres souffrances,
Si tu aspires à des paroles saines,
Et si tu souhaites faire une opinion tienne,
Si le cœur t'en dit,
Et si par amour je t'y invite,
Alors, vis, vis à petite ou grande dose,
Qu'importe le temps, ose !

Mon âme a tiré bien des bords,
J'ai tant espéré de ports,
Toi comme moi, bien du vague à l'âme,
Jamais emporté par la lame,
Les yeux bleus salés,
Maintenant bien rincés.

Loin de m'être perdu,
J'ai retrouvé ma rue,
Je serai toujours loin du compte,
Mais aujourd'hui, je te prends en compte.

La culpabilité

Depuis Adam et Eve,
La culpabilité n'a pas de trêve ;
Aujourd'hui, son seul nom,
Entache notre renom ;
Elle fait inconsciemment défiler,
Un court ou long passé ;
De ce vécu,
Ne soyons jamais perclus.
Osons l'apprivoiser,
Élevons-nous vers la liberté.

.../...

La peur nous fait manipuler pour mieux contrôler,
Mentir et accuser, tant de leurres pour nous rassurer.
Elle nous crédite un instant,
Mais nous ronge des années durant.
L'Homme n'est pas parfait et il le sait,
Mais son orgueil ne le lui permet !
Qui n'a pas commis d'erreur ?
Qui peut sonder un cœur ?
Qu'en penseront les autres ?
Et comment se vivre parmi tant d'autres ?
Le monde se bat pour une vérité,
Et pourtant chacun son unicité.
Être discrédité,
Se relever, et continuer…

Chacun dans sa responsabilité,
En prise avec sa réalité.
Membre de sa famille ou inconnu,
D'une peccadille au plus douloureux des abus,
Ne pas en vouloir à celui qui nous offense,
C'est s'accepter dans sa différence.

Le rejet

Meurtri !
Se sentir incompris,
Se replier, se rétracter,
Se fermer et se mettre à douter,
De sa réaction,
S'éloigner de son action.

.../...

Puiser sans cesse la confiance,
Au-delà de sa propre méfiance,
Ne plus vaciller au premier vent contraire,
C'est le choix arbitraire.
Après la lutte,
De l'histoire, changer sa chute.
Vaincre sa peur avec ardeur,
Reprendre de la hauteur.
La montre, ne pas jouer,
Se laisser porter,
Le temps d'un courant,
Grandir un instant, prêt pour le suivant.

Ajuster sa vision,
Sans tout remettre en question,
Nul ne comblera l'autre,
Mais chacun peut devenir un autre.

La jalousie

Parce que l'on est souffreteux,
L'autre est toujours mieux,
On devient envieux,
On devient un vieux.

Par peur de ne pas être reconnus,
Nous sommes d'avance déçus.
Et déjà perclus,
Avant même que l'on soit perçus.

Seul sur un banc,
Échafauder des plans,
Calculer tout le temps,
Avant même un événement !

.../...

Cela va de pair :
Avec des pensées amères,
Nous sommes déjà langue de vipère,
Avant même que l'on opère.

Être rassuré pour ne plus jalouser,
Être écouté pour ne plus vociférer,
Être consolé pour ne plus se maltraiter,
Avant même, chasser nos mauvaises pensées.

La jalousie,
Si on en guérit,
On rajeunit...

Le doute

Se regarder à la loupe,
Transpirer à grosses gouttes,
Avec ou à contre-courant,
Quoi qu'il en soit, toujours en transpirant.

La peur d'être critiqué,
Génère des aigreurs, des anxiétés,
Mais aussi de vaines obsessions,
Avec leurs migraines, dites sans raison ».

Plus le caractère est entier,
Et moins il a de pitié …
Sans aucune relativité,
Car rien n'est pondéré…
Il s'auto-juge, avant même d'être jugé,
Il s'autocensure, avant même d'être censuré,
Constamment sous influence,
Sans aucune indulgence.

Face au *qu'en dira-t-on ?*,
On s'invective de tous les noms,
Une analyse non exhaustive,
Et déjà, c'est la dérive…
D'avance, je pense ce qu'on en pense,
Et me fabrique une potence.
En fuyant toute expression,
Par risque d'une pendaison !

…/…

De toutes les situations,
Naît une réflexion,
Nul n'est parfait,
Nul ne détient ce qu'il fait.
Répondre de...,
N'est pas être coupable de...
Chacun apporte,
Chacun s'apporte,
Furtif échange,
Ou véritable challenge,
Une occasion à saisir,
Une occasion de s'enrichir,
À soi le libre arbitre,
Ne pas se fermer comme une huître.

Rester dans le présent,
Pour ne pas rater l'instant,
S'exprimer sans minimiser,
Dédramatiser pour s'égailler,
Enfin lâcher prise,
Sortir de l'emprise.
Choisir de se mettre en vie,
Choisir d'en avoir envie !

Tempérament exigeant

Sensibilité exacerbée,
Caractère entier :
    Idéal haut placé.

Incompréhensions qui vous hantent,
Capacités abondantes :
    Personnalité errante.

Ne pas changer,
Vouloir s'éviter :
    De plus en plus écartelé.

Sans effort, se limiter,
Haut et fort, s'insurger,
    Pour se victimiser.

                                          …/…

À chaque instant,
La vie s'offre, tel un présent,
    Discrètement, elle m'attend.

Avec persévérance, m'apprivoiser,
D'un pas plus affirmé,
    Avancer, pour ne plus chuter.

Changer ma face,
Sans perdre la face,
    Empli de toutes mes audaces.

Pour toute reconnaissance,
Une renaissance,
    Et tout prend un autre sens.

C'est là, l'école de toute ma vie,
C'est là, le pari de mes *aujourd'hui*,
    Patiemment, je m'assouplis.

Ruminer

Avoir une idée fixe,
S'étonner que rien n'avance,
Avoir une idée fixe,
Pleurer son fer de lance.

Obsédé par un seul désir,
Le ruminer sans relâche,
Désespéré de ne rien produire,
Encore bien moins qu'une vache !

Déglutir enfin son obsession,
Brouter l'abondance des bas-côtés,
Paître dans d'autres champs d'action,
Confiant que vous serez acheminés,
Sans le label « longue conservation »
Vers vos objectifs tant de fois « pasteurisés » !

Jeunesse

Finies, les langueurs,
Sortir de sa tiédeur.
Changez les fatales ritournelles,
Changez nos immuables rituels.

D'une conscience unanime,
Que la jeunesse s'anime.
Qu'elle devienne le levain,
Du pain de demain,
D'un sourire, d'un regard,
D'un geste, il n'est jamais trop tard.

Dans toutes les nations, sous tous les toits,
Un rire, un son, dans toutes les voix.
Du ciel bleu dans tous les yeux,
Du bonheur, au-delà de « deux » !

Tendrement et fermement,
Simplement et honnêtement,
Promptement et irrémédiablement,
Toi, qui te sais aimé,
Aspire à la gaîté, à la sérénité
Pour une plus ample solidarité.

La joie

Sa véritable expression,
N'est pas nécessairement dans l'effusion.

Un fou rire, des éclats de voix,
Ou un sourire de bon aloi,
Plus intérieurement,
Un sifflement, un fredonnement.

Parfois elle ne s'entend pas,
Elle ne se manifeste pas,
Mais elle vous transporte,
Sans sa cohorte.

C'est dans le cœur,
Qu'elle y a sa demeure,
C'est dans le regard,
Qu'elle se pare.

Ni inconvenante,
Ni blessante,
Elle est une plénitude,
Loin de tout ridicule.
Ni dérisoire,
Ni ostentatoire,
Mais respectueuse,
Et généreuse.

.../...

Même dans les tragédies,
Il y a toujours de la vie.
Comme un médicament
La joie soulage les tourments,
Elle nous propulse dans la confiance,
Qui nous remonte de l'enfance.
Pour la plus constructive des espérances :
L'insouciance.

Servir

Du plus petit au plus grand,
Du plus démuni au plus opulent,
Du plus meurtri au plus nanti,
Du plus impotent au mieux portant,
Du moins instruit au plus érudit,

Préserve-moi de toute vanité,
Sous ton manteau d'humanité.
Par-delà toute adversité,
Comble-moi de ta force d'Aimer.

L'éducation

Contrairement aux idées reçues,
Elle n'est pas le monopole du « dessus »,
Elle se décline à toutes les générations,
Peu importe sa position.
Qui élève qui ?
Que serions-nous sans *les plus petits* ?

Pour tous, un apprentissage,
Vers ce qui pourrait être sage.
Chacun son angle de vision,
Oser le remettre en question.

Faire avec ce que l'on a retenu,
N'est pas une règle absolue.
S'ajuster à l'initié,
Se mettre à sa portée.
Ajuster nos comportements,
Cela peut être un commencement.

Restructurer, aménager,
Organiser ou créer…
Quelle que soit la forme,
Quelle que soit la réforme,
C'est par son état d'esprit,
Qu'elle sera réussie !

« Mon Or Tôt Graf » !

Il y a des endicaps vizibles, queue long x cuse.
Il y a des handicaps visibles, que l'on excuse.

Il y a des ans dix caps, in admis cibles que l'on accuse.
Il y a des handicaps inadmissibles que l'on accuse

L'orthographe, est une mâté ma tic,
L'orthographe est une mathématique,

Qui ne se Saint-Chronise pas dans mon Bic !
Qui ne se synchronise pas dans mon Bic !

Un nain se tend, j'écris un mot par fête m'en,
Un instant j'écris un mot parfaitement,

Dent le suivant, je les cris, nain porte Co ment.
Dans le suivant, je l'écris n'importe comment.

Kit peut vous con prendre,
Qui peut vous comprendre,

S'il ne sort de sa loge hic de l'apprendre ?
S'il ne sort de sa logique de l'apprendre ?

Intégrer les règles deux la gramme erre,
Intégrer les règles de la grammaire,

Seulement Simon cœur n'est plus à mère.
Seulement si mon cœur n'est plus amer.

Paradoxe allemand, si la joie m'en va hit,
Paradoxalement, si la joie m'envahit,

Elle m'euh trahit ho si.
Elle me trahit aussi.   …/…

Pas besoin de dit certé,
Pas besoin de disserter,

En réez humé,
En résumé,

Mon or tôt graphe laisse à Désiré,
Mon orthographe laisse à désirer,

Quand mont affect est tout chez…
Quand mon affect est touché…

Sait m'attare,
C'est ma tare,

Met il nait jamais trotar !
Mais il n'est jamais trop tard !

Car, rien ne cerf de me fer et peler,
Car rien ne sert de me faire é…p…l…e…r…,

Il faut d'abord me Kana lisez ; mes exprimez !
Il faut d'abord me canaliser, m'exprimer !

A corps des, mon émaux scion aile,
Accorder mon émotionnel,

Cherchez pas, ça nagea mais été dans l'Emmanuel !
Cherchez pas, ça n'a jamais été dans les manuels !

*0 / 20 …
Peut peu… et fait encore
bien moins !*

Transmettre

Verbe à accorder
Avec instruire, enseigner et éduquer.
Avoir appris,
C'est assimiler des acquis.
Avoir pratiqué,
C'est de l'expérience accumulée.
Transmettre,
C'est ne plus en être le seul maître.

En la matière, pas besoin d'exceller,
Mais impérativement aimer se donner.
Reconnaître qu'à chacun son pas,
Qu'à chacun son résultat,
Ne jamais oublier que c'est de sa joie,
Que l'initié allègrement nous dépassera.

Reconnaissance

Besoin de reconnaissance,
En y perdant sa conscience.

Se justifier…
Pour exister,
En rajouter…
Pour encore exister,
Se marginaliser…
Pour toujours exister,
Jusqu'à se détruire,
Pour inlassablement se fuir.

Se chercher…
Pour se trouver,
Se tromper…
Pour essayer de se trouver,
Se perdre…
Pour oser se trouver,
Jusqu'à s'enfuir,
Pour à jamais se construire.

La conscience affleure,
Elle rejoint le fond du cœur,
Tout devient plus doux,
Le « et » remplace le « ou ».
Faire tourner sa roue,
Sans remous,
Rester tel que l'on est,
Même sans grand effet,
Vivre en paix,
Sans attendre un reflet.

S'abandonner

C'est le plus grand des luxes,
Que l'on puisse s'accorder,
C'est le plus grand des luxes,
Jamais monnayé.

Tout déposer,
Ne plus rien porter,
Enfin reposé,
Enfin disposé.

Hier est passé,
Plus rien ne peut le ramener,
Demain a ses surprises,
Au-delà de nos emprises,

Et pourtant il nous faut avoir expérimenté.
Et pourtant il nous faut envisager,
Alors comment le tout, harmoniser ?
Si ce n'est, de ne rien ressasser.

Jamais facile
Toujours sur un fil !

Se prendre au sérieux,
Se prendre à un jeu…
C'est s'éloigner d'eux,
C'est perdre son « je ».

Écouter sans critiquer,
S'impliquer sans monopoliser,
Avancer sans se rétracter,
Ni paraître, ni mal-être,
Discret ou dérangeant,
Rester dans son vivant,
S'épanouir sans rougir,
Pour le meilleur et pour le pire.

Accomplir ce qui nous est juste,
En redressant le buste.
Peu importe la fonction,
Avec ou sans galon,
Toujours terre-à-terre,
Pour comprendre la misère.

Se sur- ou se sous-estimer,
Difficile de se maintenir en vérité ;
Ignorants de ce que nous sommes,
Car souvent trompés par des dogmes.
Une fausse estime de soi,
Pourrait défier la plus naturelle des lois,
L'humilité.

Sa place

Espérer sa place,
Chercher sa place,
Prendre sa place,
Laisser sa place,
Enfin, être à sa place…

Elle n'est jamais définitivement acquise,
Elle est toujours de remise,
Elle ne peut faire l'objet d'une emprise,
Pas plus que d'une attitude soumise.

À chaque action qui se déroule,
À chaque seconde qui s'écoule,
Enlever ses doutes,
Rester à son écoute.

Savoir la garder,
Lorsqu'elle est légitime,
Savoir la céder,
Avant d'en être victime.

Humblement y rester,
Humblement s'en retirer,
Autant de facultés,
Qu'il n'est nul besoin de s'en justifier.

Le temps

À chaque saison
Il a ses raisons.

Au printemps, il entreprend.
En été, il aime s'allonger.
En automne, il se reboutonne.
En hiver, il s'indiffère.

Certains voudraient qu'il rallonge,
Tant il les ronge.
D'autres voudraient qu'il passe plus vite,
Tant ils souhaitent la fuite.

De compressé, il est devenu subordonné.
D'insaisissable, il est devenu rentable.
D'infini, il est devenu précis.
D'éphémère, il est devenu planisphère.

Obéissant, il se met dans nos cadrans,
Trop compacté, nous passons à côté,
Trop peu respecté, il pourrait se rebeller,
Tôt ou tard, il pourrait nous être compté.

La liberté

Ma fille m'a demandé
De lui décrire la liberté.

Goûter ta liberté,
Sans sortir d'un pénitencier ;
Être enfermée entre 4 murs,
Ou être prisonnière de ta propre armure !
Pieds et poings liés,
Enchaînée par tes culpabilités !

Si certains vont du parloir au mitard,
Toi, chaque jour tu seras face à ton miroir.
Pas de barreau à tes fenêtres,
Mais peut-être, un certain mal être.

.../...

Est-ce la société, est-ce la fatalité ?
Ne pas se tromper.
Limitée par qui, limitée par quoi ?
Qui a dit quoi ?

« Je n'ai pas le choix…
Ce n'est pas moi,
C'est toi… »

« Je suis épuisée…
Je sais pas ce que j'ai,
Où sont mes cachets ? »

« Je n'ai pas le temps…
Ne perdons pas de temps,
Ce n'est pas le moment… »

« Je ne peux pas…
Ah non, jamais ça !
Je ne veux pas… »

« Dis pas ci, mais dis ça…
Ni comme ci, ni comme ça,
Fais pas ci, fais pas ça… »

…/…

Évolue en toute honnêteté,
Non pas tant vis-à-vis d'une autorité,
Mais pour toi,
Agis en toute bonne foi ;

    Celle de ne pas avoir renoncé, en cheminant.
    Celle de ne pas avoir cédé, en t'affirmant.
    Celle de ne pas avoir succombé, en consolant.
    Celle de ne pas avoir compté, en te donnant.
    Celle de t'être respectée, en t'obéissant.
    Celle de t'être dépassée, en t'éduquant.
    Celle de t'être responsabilisée, en t'assumant.
    Celle de t'être relevée, en souriant.
    Celle de t'être effacée, en remerciant.
    Celle de te libérer, en t'exprimant.
    Celle de répondre, en t'écoutant.

Pour la plus grande des fiertés,
Celle d'être aimée, en aimant.

Droit à l'erreur

Avoir une réaction épidermique,
Activer une polémique,
Ce ne sont rien que des mimiques.

Quoi de plus rassurant,
Que d'agresser sans fondement,
Pour soulager sa dent.

Renforcer une confiance en soi illusoire,
En martelant son savoir,
Bafouant le vécu de son auditoire.

Toute réalité assumée,
N'a pas à se justifier,
Pas plus qu'à être jalousée.

En instantané ou en différé :
Le *je m'excuse* ou *je suis désolé*,
Pourrait désamorcer.

L'argent

Certains pensent qu'il n'a pas d'odeur,
Il est pourtant le nerf de bien des malheurs ;
Ceux qui disent ne pas en avoir le souci,
Pourraient en être inconsciemment épris.

Celui qui a faim, a peur du lendemain,
Celui qui n'a plus faim, a peur pour après-demain.
À cela mille et une raisons,
Que nous qualifierons de légitimes ou non.

Une guerre de tous les temps,
Avec ses blessures du « dedans ».
Une fracture : un manque de dignité,
Une blessure : une peur de manquer.

.../...

De l'abondance à la survie,
D'une créance au débit :
Bien des pouvoirs, bien des déboires,
Comment ne pas s'en émouvoir ?

La terre est porteuse,
Naturellement généreuse ;
Pourtant, tout est devenu *moyennant*,
Et de plus en plus *château branlant* !

À court terme,
Parer au plus pressé, c'est une nécessité,
À long terme,
Rééduquer sa pensée, pour espérer.

Et si l'argent était une énergie,
Sans toujours être un souci.
Petit ou grand inspire,
Petit ou grand expire,
Nous pourrions agir,
Tout comme avec l'air, que l'on respire…

Allô, allô, allô...

Avant, ce n'était que pour sa profession,
Maintenant, c'est dans toutes les situations.
Métro, boulot, dodo...
Jamais de repos,
Il y a toujours une sonnerie,
Qui vous tire de votre rêverie.

Le portable est devenu une nécessité,
Comparable à celle d'un drogué.
L'individu accroché à son téléphone,
Ne voit plus personne.
Comme un bourdon qui tourbillonne,
Il s'affole suspendu à son microphone.
Piéton ou conducteur,
C'est exactement la même douleur,
Le nez collé au clavier,
Hermétiquement absorbé...
Il ne sera, pour vous, qu'un abonné absent,
Bien malveillant !

Geek

La technologie a développé bien des outils,
Surtout les messages à haut débit.
Transférer en nombre, à la seconde,
Pour ne plus se sentir seul au monde.
Combler son périmètre,
Se créer des tas de raison d'être,
Redoutant un face à face avec soi-même,
Tant son insécurité le rend blême !

Qu'est-ce que partager,
Lorsque l'on ne sait plus se côtoyer ?
Qu'est-ce que communiquer,
Lorsque l'on ne sait plus s'exprimer ?

Silence, dans tous ses sens

Il peut être lourd,
Il peut être sourd,
À notre époque,
Très peu l'invoquent.
Des décibels à percer les tympans,
Des paroles qui tuent sur le champ.
Entre la radio et la télé,
Plus rien à exprimer,
Le *mal à dire* doucement fait son œuvre,
La maladie en serait-elle une preuve ?

Le silence peut être si juste,
Que son exclusion est par trop injuste.
Il peut être léger,
Il peut être inespéré.
Tantôt constructif,
Tantôt exhaustif,
Il est porteur,
Parfois moqueur.
Toujours à l'heure,
Jamais dans l'erreur,
Il est sagesse,
Pour qui l'acquiesce.
Rempli de tous ses bruits,
Il nous nourrit,
Il se savoure,
À qui l'accueille avec bravoure.

.../...

Le silence est d'or,
Mais jamais au dehors.
Taire ses préoccupations,
Pour ne plus être qu'à l'unisson.
Le silence,
Est une science.
On y rentre avec bonheur
On en sort avec ardeur.

Le rien faire... nécessaire

Ni fainéant,
Ni arrogant !
Ni coupable,
Ni inavouable !
Sans sanction,
Sans connotation.

Le rien bat son plein,
Il n'est pas vain.
Pas plus qu'il ne nous toise,
Il s'apprivoise.

Choisir de laisser faire,
Dans un monde de fer,
Clapoter dans un calme plat,
Discerner ses petites voix.
Recycler ses pensées,
Avant d'être totalement pollué.
Apaiser ses luttes intestines,
Avant d'être roulé dans la farine.
Vider ses encombrants,
S'en donner le temps.

Nos sentiments,
Seraient-ils différents
De toutes les matières
De notre ère ?

Les genoux

Je-nous… tu-nous… il-nous…
Du je au nous… ils se nouent.

Un bijou d'articulation
En charge de transmission,
De l'extension à la génuflexion via les contorsions,
Capable d'absorber des tonnes de pressions.

Nous avons raboté nos genoux
Avant de nous mettre debout.
Souvent pris nos jambes à notre cou,
Pour ne pas plier devant notre courroux.

Toute une symbolique,
Mystique, biblique ou mécanique,
Peu importe ce « … ique »
Grippée, elle pose un hic…
A nous de trouver le déclic !

Se nourrir...

Un corps sur la terre
Est esprit et matière.

Nourriture terrestre,
Nourriture spirituelle,
Les deux sont inséparables,
Jusqu'à la mort : indissociables.

À chacun des énergies,
À chacun des envies.
Tous des besoins,
Pour notre bien.

Point de trop,
Il en faut,
Mais trop peu,
N'est pas mieux.
De la boulimie à l'anorexie,
Des rapports douloureux avec sa vie.

Les aliments en bouche,
Ne seraient-ils en rien plus nuisibles,
Que les condamnations
Que, sur nos lèvres, nous prononçons ?

.../...

... de chocolat

Blanc   ou   noir,
En carré   ou   en barre,
Lait   ou   praliné,
À croquer ou   à tartiner…

À la cuillère ou à la louche,
     « Une minute dans la bouche »,
À la fin d'un repas,
     « Deux heures dans l'estomac »,
Les papilles toujours en liesse
     « Vingt ans dans les fesses » !

Est-ce un appel, toujours bien justifié,
Pour inconsciemment se combler…
Ou un instant de plaisir savouré,
En toute sérénité ?

Chez les Mayas, le cacao,
Qu'il soit froid ou qu'il soit chaud,
A des vertus curatives,
Si la mastication est gustative.

Nocif ou bienfaisant,
Avec modération ou sans,
Notre physique ne retiendra,
Que le poids qu'on lui donnera.

Guérir

Médecine des conséquences,
Médecine des urgences,
Avec des moyens,
De plus en plus au point,
Et une éthique,
De plus en plus technique.

Doit-on parler d'espérance de vie,
Ou d'assurance de survie ?
Pour tout paysage,
Une peur à tous les âges,
Avec des rayons,
Dès la conception !

.../...

Concevoir qu'un être humain,
Puisse d'amour, avoir besoin.
Que d'énergies,
Il est nanti.
Que ses pensées,
Génèrent sa santé.
Que la tendresse du cœur,
Apaise ses douleurs.
Que des mains,
Rassurent son lendemain.
Qu'une écoute attentive,
Libère ses paroles plaintives.
Que sa guérison,
Ne peut se faire sans la compassion.
Que doté de plusieurs dimensions,
Il ne peut en faire la division.

Morale et impalpable,
Physique et biologique,
Toujours solitaire et personnelle,
Bien qu'universelle,
La souffrance est une errance,
Qui ne peut se résoudre que par la science.

Force d'âme

Attouchements, inceste ou viol,
C'est toujours du vitriol,
Parfois, l'ADN blessé,
Sur cette mémoire, s'est refermé.

Le poids du non-dit,
Cloue souvent au lit.
Le silence a ses conséquences,
La vie part dans tous les sens.
Jusqu'au parler fort,
Abolir son tort.
Déconnecter de la honte,
D'un entourage qui ne tient pas compte.

Rien ne sert de s'autodétruire,
Même si d'autres vivent le pire.
Sortir de l'impuissance,
S'offrir une renaissance.
Lâcher le cri qui avait été enfoui,
Verser ses larmes du déni.
Débusquer son sentiment d'abandon,
Au creux d'une véritable consolation.

…/…

Une enfance bafouée,
Une blessure à transcender.
Restaurer une mémoire,
Comprendre l'histoire,
Ne plus en vouloir,
Se contenter de savoir.
Remonter de l'abîme,
Laver sa peau de victime.

La trahison

La trahison porte un prénom,
Car sans un visage sur un nom,
Elle n'aurait pas de raison.

La trahison d'une relation rompue,
La trahison d'une illusion déçue,
La trahison d'une confiance corrompue,
La trahison d'une main retenue,
La trahison d'une facette méconnue.

Marquée au fer,
Par « l'imparfait » d'un être cher,
De ce piège, choisir de s'en défaire.

Un trop d'attente d'autrui…
Pour combler le pas assez de qui ?
Cela ne fait aucun pli !

Consolation

La dérision,
N'a jamais favorisé une guérison,
Elle n'est que contradiction
Et ferme la porte à toute consolation.

Un être cher diminué,
Peut percuter notre honnêteté,
Si nous ne savons gérer
Notre émotivité.

Malade ou perturbé,
Il ne demande pas tant d'être enlacé
Par nos bras camouflés d'anxiété,
Qu'à ses côtés, pleinement l'accepter.

S'il ne peut formuler tout haut,
Il n'en est pas moins sot,
Il perçoit au-delà des mots,
Il traduit avec ses maux.

Ne plus se ronger,
Pour l'accompagner en vérité,
Jusqu'à pouvoir le remercier,
Il nous a soignés.

Madame la terre

Terre-mère,
Mers de nos rivières,
Océans de ses enfants,
Volcans de tous leurs tourments.

Aujourd'hui tous les climats,
Perturbent vos compas,
Vous êtes pourtant ronde,
Et toujours féconde.

Autant que vous le pouvez,
Vous essayez de vous maîtriser,
Mais le naturel
Est sans appel !
De la plus haute de vos cimes,
Au plus profond de vos abîmes,
La faune et la flore, sans bruit,
Sont en sursis et nous aussi.

Nous sommes allés si loin,
Que même de toutes nos mains,
Nous ne saurions vous rendre un joli teint,
Pour vos lendemains.

.../...

Juste d'une simple pensée,
Un baume vous appliquer :
Chaque matin nous émerveiller,
Devant votre beauté.
Changer notre œil,
Transformer nos écueils.
Reprendre l'ordre des choses,
Comme un virtuose,
Remettre au Très-Haut,
L'air, le feu et l'eau.

Vous accueillez tant de créatures,
Imposantes et miniatures.
Qui perpétue tant de diversités ?
Qui peut les orchestrer ?
Pourrions-nous faire mieux ?
Serions-nous des dieux ?

Liens d'âmes

Paraît-il que nous venons
D'une même «maison»,
Sept âmes sœurs, dit-on…
Tout est histoire de connexion
Celle d'une autre dimension
Celle d'avant notre incarnation…

Des êtres,
Peu importe leur paraître.
D'un autre pays, ou d'ici,
C'est dans les astres prédéfini.
Attirées irrémédiablement,
Attirées inconditionnellement.
Rencontres miraculeuses
Aussi sûres que des têtes chercheuses.

Des énergies qui s'attirent,
Des énergies qui s'aspirent.
Pas besoin de s'apprendre,
Pas besoin de s'attendre.
Pour communiquer,
La télépathie nous aura toujours devancés.

Ne nous y trompons pas
Ne nous fourvoyons pas,
Rien à voir avec le sentiment amoureux,
Car les corps ne sont pas des enjeux.
Une de ces âmes sera l'être aimé,
Il nous faudra la discerner…

Amante

Se réjouit d'une perspective de te voir,
Quand ? Comment ? Elle ne cherche plus à le savoir.

Elle est heureuse même en ton absence,
Car ses pensées ne sont plus que bienveillance.

Son sourire et ses rires
Elle te les offre sans rougir.

Ton regard, elle peut le soutenir,
Elle n'a plus rien à fuir.

Si elle perçoit une complicité,
Elle la savoure dans l'instant T…

De son désir, elle ne souhaite pas t'étouffer,
Rien ne lui est plus beau que de s'abandonner.

De sa légèreté, elle aspire à te respecter,
Toi le maître d'œuvre de tes pensées.

Libre, elle veillera à ce que toujours tu le sois,
Surtout sous un même toit.

Rencontres

X situations,
Pour une légitime réalisation.

Lorsqu'ils se sont connus,
    Ils se sont plu,
        Rencontre, il y a eu.

Lorsqu'ils se sont déplu,
    Ils se sont juré de « ne plus »,
    La rencontre était inattendue.

Lorsqu'ils se sont à peine aperçus,
    Leurs corps se sont émus,
    La rencontre n'en finissait plus.

Lorsqu'ils se sont élus,
    Parce que, le mariage, ils ont voulu,
    La rencontre était prévue.

Lorsque l'un est resté dépourvu,
    Parce que l'autre, du regard ne l'a pas bu,
    Depuis la rencontre, rien ne va plus.

Jeunes, ils ont toujours su,
    Ils ne se sont jamais avoués vaincus,
    Leurs rencontres ont eu le dessus.

                                              ...\/...

Fruit d'une passion ou
Construction d'une raison :

    On croyait l'amour centenaire,
    On a croisé le fer,
    Jusqu'à mettre le genou à terre,
    Sans plus se taire.
    De sa propre clémence,
    Par un sursaut de conscience,
    Se libérer,
    Et s'octroyer sans plus tarder,
    Le droit à l'erreur,
    Le droit au bonheur.

Fruit d'un Amour,
Nourri chaque jour :

    Même si tout n'est pas rose,
    Rien ne s'y oppose.
    Aussi simplement,
    Que l'eau d'un torrent,
    Sans condescendance,
    De connivence, il avance.

    En harmonie,
    Discrètement il unit,
    Ouvertement il épanouit,
    Collectivement il réjouit.

Idéalement femme

Créative au caractère rond et poli,
Elle est la pierre d'angle de son logis,
Dansant quotidiennement,
Une même valse à trois temps :

   1 ... maîtresse de son amant,
      2 ... mère de ses enfants,
         3... femme de son temps.

De sa tendresse et de sa complicité,
Elle comble l'être aimé.
Lui prodiguant de généreuses attentions,
Elle reçoit en retour de délicates intentions.

Organisée autour de ses enfants,
Elle sait optimiser son temps,
Ferme, elle ne se laisse pas déborder,
Douce et enjouée, elle sait les contenter.

Souple et perméable,
Elle s'adapte à ses semblables,
Avisée et incorruptible,
Elle ne se pose jamais pour cible.

                                        ...√...

Libre et épanouie,
Elle génère l'équilibre.
Ni carpette, ni désuète,
Car sachant dire « je m'arrête… ».

Évoluant harmonieusement,
Apaisant tous les instants,
Profitant joyeusement,
Sans jamais se ronger les sangs.

Y croire encore

Il en a fallu du courage
Pour tourner une page.
Il en faut du courage
Pour s'ouvrir davantage.

Le cœur blessé avait renoncé,
Immuablement timoré,
N'osant plus s'enlacer,
Au creux d'un amour partagé.

S'affranchir, guérir
Devant un impossible.
Abandonner toute illusion,
Abolir les jeux de séduction.
Se laisser choisir,
Pour devenir,
Celle qu'un homme désire,
Juste par son sourire.

L'attendre

Depuis la femme objet,
Il y a eu du progrès.
La femme libérée
A pu tout programmer.
Jusqu'à ce qu'une idée,
Ne cesse de l'obséder,
Faire un enfant,
C'est le moment.
Avoir un bébé,
C'est décidé.

Avec son conjoint,
Ou seule dans sa salle de bain,
Sur son calendrier, le calculer,
Sur son agenda, le commander.

Alors même « l'intouchable »,
Ne peut pas avoir d'impondérable,
Dans neuf mois, Il doit être livrable,
Et sous péridurale.

Tant de conditions et de contractions,
Tant de cogitations et de contradictions,
Qui, avec ou sans contraception,
Font fi de toutes les ovulations.

Naviguant en dehors du temps,
Ne serait-ce pas « lui » qui nous attend ?

L'enfance

État de pureté,
D'un cœur spontané,
Naturellement confiant,
Heureux et insouciant.

Elle s'abandonne en toute sécurité,
Et s'adonne avec témérité.
Elle révèle une identité,
Elle forge une personnalité.

Souriante, lorsqu'elle est considérée,
Éclatante, lorsqu'elle est chatouillée,
Obéissante, lorsqu'elle est comblée,
Désarmante, lorsqu'elle est bafouée,
Toujours aimante, ça c'est inné !

Son seul maître, l'authenticité.
Son seul manuel, l'exemplarité,
Les années, elle ne compte pas,
Elle suit à petits pas.
Sage de nature,
Et non sage par nature.

.../...

Si elle ne peut s'exprimer,
À notre porte elle revient frapper.
Sans pour autant nous trahir,
Elle se rappelle à notre bon souvenir.

L'enfance ne peut nous nuire.
L'enfance est née pour rire,
Laissons-la entrer,
Elle nous invite à grandir.

« Plein le dos »
dit l'ado...

Dans le métro,
Le ticket, c'est rétro !

Pourquoi payer,
Autant gruger !

Le bahut,
Tu m'y vois plus !

Dans les gymnases,
Y' a qu'des nases !

Aller bosser,
Autant pointer !

La société,
C'est elle qu'a merdé !

Moi, j'ai rien d'mandé,
J'en ai rien à péter !

Où tu veux que j'aille,
J'suis catalogué racaille !

J'ai rien glandé,
Allongé, j'suis déjà claqué !

.../...

J'en fous pas une,
Mais j'voudrais de la tune !

On m'dit, qu'j'suis pas à l'hôtel,
Faut qu' j'libère le tel !

Ma « zicmu »,
L'est pas r'connue !

Ma « reme » aboie,
Mon « daron » louvoie !

J' suis « vénère », p'tin la galère
Les vieux faut s'les faire !

Vivement qu'ils m' lâchent,
Que j' m'arrache !

Parent, un beau matin on se réveille,
Réalisant que jamais plus il ne s'émerveille...

                                                       .../...

Délacé, il traîne des pieds,
Ne prend que les contre-pieds,
Usant ses semelles,
Ne répondant plus à l'appel.

Avenant avec ses copains,
Aboyant avec les siens.
Sa spécialité,
Provoquer pour tester.
L'agressivité exacerbée,
La fatalité, en bouclier.
Mais qui, sans en avoir l'air,
Attend qu'on le considère.

Trop de repères ou pas assez,
Par lui-même voulant se situer.
De l'innocence de l'enfance,
À la réalité qui s'avance,
Trouver le sens,
De sa propre existence.

Cœur d'artichaut

Ah ! les femmes…
Quand j'n'en ai pas, ça ne va pas,
Quand j'en ai trop, j'deviens dingo.
En CDD,
Pas de risque de s'engager.
En CDI,
Faudrait que je dise oui.

Toutes aussi belles,
Rencontres sensuelles,
Mes sens s'enflamment,
Trop de corps m'appellent…

Le vilain petit canard

Parents, frères ou sœurs,
Dire que l'on se connaît par cœur
Pourrait être un leurre,
Qui écorche bien des cœurs.

Plomber sa position,
Le long de la ligne de son éducation,
Abusé par l'appât de personnelles interprétations,
Durablement crocheté à l'hameçon de ses convictions.

Nos automatismes bien entremêlés et enferrés
Dans les filets de nos réflexes conditionnés,
S'évitant de relever aux heures de grandes marées,
Notre inconscient potentiellement envasé.

Sur une âme en peine de liberté s'arc-bouter,
Parce que sa sensibilité décuplée,
Ostensiblement, ne fait qu'éclabousser,
Ceux qui ne veulent pas se mouiller.

Couper le cordon

1 fois, 2 fois, 3 fois….
Autant de fois qu'il le faudra
Il n'y a pas de loi.

Prendre sa liberté pour un enfant
La lui favoriser en tant que parent,
Notre bonheur à tous en dépend.

Dans la douceur ou avec vigueur,
Ne pas céder à la douleur,
De nous-mêmes, nous lui avons donné le meilleur.

Tel un oiseau poussant son oisillon du nid,
Transfusons à nos petits
Toute notre confiance en la vie.

N'endossons plus la panoplie d'éducateurs coupables,
Notre descendant devient responsable,
Soyons inébranlables.

Pour sa part, lui-même à blâmer,
Pour sa part, lui-même à se transformer,
Pour sa part, lui-même à s'assumer.

Face à notre fermeté,
Il va peut-être nous détester,
Son détachement, il en a toutes les capacités.

Alors par amour,
Favorisons le rejet d'un jour,
Il nous en aimera pour toujours.

La maturité

Ni verte,
Ni blette,
Elle renaît et mûrit tous les ans,
Telle une pomme des champs.

Fleurir trop proche de la terre,
Pourrait attirer un ver !
Fleurir trop haut dans les airs,
Pourrait attirer un pic-vert !

.../...

Pour la savourer,
Il n'est pas de métier.
Juste avoir en son temps,
Croqué à pleines dents :

>la dépendance de l'enfance,
>la rébellion de l'adolescence,
>l'illusion de l'indépendance,
>la sérénité sur la balance…

Éclairée et élucidée,
Sur nos capacités,
Elle est cent fois remise sur le métier,
Nous devons en permanence l'ajuster.

Elle

J'veux un homme, un vrai,
Un qui m'plaît !

J'veux qu'il soit beau comme un dieu,
Mais… pas orgueilleux !
J'veux qu'il soit fort,
Mais… reconnaissant ses torts !
J'veux qu'il soit tendre,
Mais… pas l'attendre !
J'veux qu'il soit spontané,
Mais… pas désordonné !
J'veux qu'il fasse…,
Mais… chaque chose à sa place !
J'veux qu'il soit généreux,
Mais… pas envieux !
J'veux qu'il soit entreprenant
Mais… pas collant !
J'veux qu'il soit attentif
Mais… pas possessif !
J'veux de l'amour,
Mais… c'est moi qui choisis le jour !

J'veux, jusqu'à plus faim,
Mais… rien ne vient !

Peut-être que si je le désirais,
Tout d'un coup, je le verrais ?
Peut-être que si je l'aimais,
Je l'accepterais tel qu'il est !

Lui

D'abord… c'est moi qui la choisis,
Elle fera pâlir tous mes amis !

Elle sera femme d'affaires,
Mais… inférieure à mon salaire !
Elle sera douce et tendre,
Mais… je ne m'y laisserai pas prendre !
Elle sera toujours souriante,
Mais…jamais contrariante !
Elle me dira : « mon ange »,
Mais… pas uniquement quand ça l'arrange !
Elle parlera de ma personne,
Mais… lâchera son téléphone !
Elle sera une bonne mère,
Mais… ce sera moi le père !
Elle assumera l'intendance
Mais… aussi les quittances !
Elle restera fidèle, à sa place,
Mais…pas comme un pain de glace !

Lorsque je rentrerai,
Tout sera prêt !
Les enfants …. juste à embrasser !
Le dîner ……… juste à déguster !
La télé ………. juste à allumer !
Le câlin …….... juste à consommer !

Et… si quelque chose la tracasse ?
… « Que veux-tu que j'y fasse » !

Un, deux, trois...

Une famille s'agrandit,
Avec des petits.

Le premier,
Tant espéré.
Le second,
Sans raison.
Puis un trio,
Pour enrichir le duo.
Jusqu'au dernier,
Qui n'a rien revendiqué.

De leur nounou,
À leur doudou.
De leur désinvolture,
Aux gribouillis sur les murs.
Du petit écolier,
Aux dessins bariolés.
Des « *pestacles* » de fin d'année,
Aux invitations déguisées.
Passent leurs jeunes années,
Qu'ils sont si fiers de savoir compter.

Fascinés, émerveillés,
Jamais rassasiés,
Facilement enjoués,
Jamais fatigués.

.../...

Chacun, une merveille,
Ils n'ont pas leur pareil.
Même jumeaux ou jumelles
Pour tous ceux qui les appellent,
Ni un même prénom,
Ni une même réaction.

Le chérubin,
Dans un foyer vient
Dépourvu de tout héritage,
Découvrant au fil de son âge,
Sous de plus ou moins beaux paysages,
En toutes saisons, son voyage.

Équilibre

En 1968, encore rarement contestée,
La toute-puissance de l'autorité est tombée.
Les années qui ont suivi, ce sont les « yé-yé »
Qui ont pris le contre-pied.
Depuis, la jeunesse
A le souci d'une justesse.

Ni plus dans les conventions,
Ni plus dans la rébellion,
Le parent de notre temps
Cherche son style, en tâtonnant.
Conscient que ses descendants sont tous différents,
Chacun à sa manière l'interpellant !

Il accepte, pour sa progéniture :

> D'apprendre à se donner,
> Sans le lui faire payer.
> D'apprendre à l'écouter,
> Sans le couper.
> D'apprendre à le cajoler,
> Sans le manipuler.
> D'apprendre à le sanctionner,
> Sans redouter de plus en être aimé.
> D'apprendre à se tromper,
> Sans s'en culpabiliser.

.../...

Il découvre, à tous les instants :

> Qu'un enfant peut jouer,
> Sans forcément raisonner.
> Qu'un enfant peut parler,
> Sans pour autant monopoliser.
> Qu'un enfant peut être confronté,
> Sans pour autant s'affronter.
> Qu'un enfant, de tendresse peut être rassasié,
> Sans forcément en abuser.
> Qu'un enfant peut être considéré,
> Sans qu'il perde son identité.

Et que nourri de cet amour de parent,
L'enfant aspire à devenir un Grand.

Monoparental

Foyer monoparental,
A chaque situation ses annales,
N'en soyons pas moins affables.

N'accusons pas l'absent,
Nous bafouerions l'instant présent,
Apprenons à devenir polyvalents.

Crier que l'on n'y arrivera pas,
Qui ne saurait se le dire, même tout bas ?
On en a le droit.

Avec nous-même, soyons honnête,
Abolissons nos prises de tête,
Fredonnons plutôt des airs de fête.

Notre passé, ne pas leur faire payer,
Leur futur, ne pas s'angoisser,
Ensemble, vivre un présent incontesté.

Par amour pour nos petits
Adhérons à leur goût de la vie,
Ils en sont épris.

S'interdire d'en faire des victimes,
En faire son hymne,
Ils en décupleront leur force ultime.

.../...

Déculpabilisé, osons la fermeté,
Les confronter en toute dignité,
C'est aussi cela les aimer.

Alors… n'avoir qu'un père,
Ou n'avoir qu'une mère,
L'enfant positivement se gère.

Apaiser

La violence conjugale,
Commence dès la joute verbale.
Le ton est monté,
Prémices d'une main levée.
Rien ne sert de s'en indigner,
Il se peut qu'on l'ait favorisée.

Vaines sont les menaces,
Rien, encore, ne terrasse.
Affectif ou pas, le chantage
Ne sera jamais un avantage.

Redresser la tête,
Sortir des prétextes.
Ne plus prêter le flanc
Protéger les enfants.
Briser le silence,
Renoncer à la dépendance.

.../...

Ne plus cautionner les extrêmes,
D'un illusoire « pardon, je t'aime »,
Qui vous fait passer,
Sans moufter,
Des coups au sexe,
Jusqu'à ce que l'on soit un ex.
Quelques soient les torts,
Rien ne justifie cette mise à mort.

Départager la responsabilité,
N'est pas tout excuser,
Juste, s'octroyer de la lucidité,
Authentifier, pour ne pas rééditer.

Passe le temps

Les parents de ses parents,
Seront à jamais les parents de leurs enfants,
Et les grands-parents de leurs petits-enfants !
En leur temps, ils ont exercé une éducation,
Maintenant, ils transgressent les interdictions
Se rendant complices des punitions !

Trahis par des rides plus ou moins marquées,
Certaines de leurs années ont défilé,
Plus vite qu'ils ne l'auraient souhaité.
Les éloignant d'un directement
« concernés »,
Pour les mener vers un moins « impliqués »,
Sans pour autant, se sentir « dépossédés ».

Soit pour en garder le meilleur,
Soit pour en oublier l'horreur,
C'est généralement par pudeur,
Qu'ils n'évoquent pas leur passé,
Gardant des images inaltérées,
Dans leur mémoire à jamais gravées.

.../...

Il faudra la curiosité des petits-enfants,
Qui spontanément,
Oseront le : « c'était comment ? »,
Pour qu'enfin heureux d'être sollicités,
Ils s'autorisent à revivre leurs épopées,
Devant des yeux totalement écarquillés.

Momentanément détourné de ses soucis,
L'ancien savoure, alors, le tendre répit
D'une vie accomplie.

Je vais bien

Ce que tu as fait,
Est un état de fait.
Ce que tu as dit,
N'a pas à être contredit.
Ce qui a été, n'est plus,
Rien à regretter non plus.
Ce qui est du présent,
N'a valeur que dans l'instant.
Ce qui est établi,
N'a pas à être rétabli.

L'amour filial,
N'a rien de banal.
Bien vivre ses liens,
C'est être serein parmi les siens.
Quantité et qualité n'ont pas la même définition,
Il n'y a rien à craindre de la situation.
Chacun est de son temps,
Toute chose en son temps,
Ne crains pas que je m'envole, attends !

Joyeux anniversaire

Fêter une dizaine,
Ou une simple année prochaine,
Sans plus calculer les ans,
Convaincue d'avoir bonifié avec le temps.

Devant nos yeux maquillés,
Dansent les flammes de nos années.
Perçant de leur lueur notre visage,
Dévoilant sans pudeur notre âge.

Celui de tous nos bonheurs,
Accumulés dans notre cœur.

Tes bras

Tes bras au ciel,
Pour y trouver mon essentiel,
Tes bras tendus,
Pour m'y mettre à nu,
Tes bras enveloppants,
Pour aller de l'avant.

Tes mains câlins,
Pour essuyer mes chagrins,
Tes mains caresses,
Pour me nourrir de ta tendresse,
Tes mains noueuses,
Pour me rendre heureuse.

Sans plus attendre,
Sans plus prétendre,
Parce qu'il est encore temps,
Parce qu'il est toujours temps,
Atteindre la « bonne-heure »,
De notre cœur à cœur.

Papa,
À jamais, je demeure ton enfant,
Et toi ma racine,
Porteuse de mon essence divine.

Bon voyage…

Tu pars vers cet espace,
Où nul ne sait, ce qui s'y passe.
Libre… tu l'as choisi,
De mon mieux, je t'y conduis.

Qu'à chacun de nos regards,
Tu ne croises que de l'amour à ton égard.
Apprivoiser ta main,
Te laisser toucher enfin.
Avec tendresse, ouvrir ta porte,
Sans que plus rien ne t'importe.

Une dernière confession,
Ou bien une ultime action,
C'est ta légitime libération,
Ton cadeau sans condition.

Peu à peu, disparaît ton malaise,
Ton souffle s'apaise,
Ton âme se libère,
Ton corps obéit à ce mystère.
Tu pars le sourire aux lèvres,
Avec toi-même tu signes enfin la trêve.

Laisser couler mes larmes de tristesse,
N'a rien d'une détresse
L'essentiel a été dit.
Heureuse de t'avoir appris,
Je reste là sans souci
Comblée de voir s'envoler ta vie.

« Pierre - Folle »

La maison de notre passé,
Au soleil d'été,
N'a de ses murs plus rien à révéler.

Nos souvenirs,
Personne ne pourra nous les ravir.
Même d'un revers de bulldozer,
Ils ne sauraient se taire.

Le cœur chaviré,
Le vent dans le nez,
Écoper nos larmes sans regretter,
Naviguer sans plus nous retourner.

Tourner la page

De l'aveuglement,
Acquérir du discernement.
De la culpabilité,
Acquérir de la dignité.
De l'abandon,
Acquérir le pardon.
De la violence,
Acquérir de l'indépendance.
De l'indifférence,
Acquérir de la confiance.
De l'arrogance,
Acquérir de la patience.
De la peur,
Acquérir de la hauteur.
De l'anxiété,
Acquérir de la sérénité.
Du malheur,
Acquérir de la profondeur.
De la mauvaise presse,
Acquérir de la justesse.
Des fardeaux,
Acquérir du repos.
Du quant-à-soi,
Exprimer enfin toute sa joie.

Le changement

L'ordre de notre vie,
Jusque-là bien établi,
Se trouve bousculé,
Réveillant une insécurité.

Dans un sens qualifié de positif,
Il génère un contentement,
Et devient facile à opérer.
Dans un sens qualifié de négatif,
Il génère un renoncement,
Et devient plus difficile à accepter.

Exprimer son chagrin,
Mais ne pas s'y accrocher en vain.
Passer sa colère,
Mais ne pas sombrer dans sa misère.
Faire un tri,
Mais ne pas rester aigri.
Respecter ce qui a été,
Mais ne pas se focaliser.

Continuer d'évoluer,
Sans jamais se figer,
Autant de fois,
Qu'il le faudra,
Jusqu'à ne plus y voir une fin en soi,
Mais un renouveau de soi.

Son intérieur

Refaire son intérieur,
S'octroyer de la couleur.
Au propre comme au figuré,
Ranger, nettoyer, égayer.
Être bien en soi,
Être bien chez soi,
Cela va de pair,
Même au n° ter.

Changer son regard,
Pour soi-même avoir plus d'égard.
Ne plus dormir par terre,
Accueillir la matière.
Reposer dans du beau,
Heureux comme un poisson dans l'eau.

S'ouvrir, s'épanouir,
Chez soi, accueillir sans rougir.
Se déployer,
Même à petit loyer.

Permis de vivre

Mettre de l'humour dans son moteur,
Avoir un turbo dans son cœur.
Faire le plein de sagesse ou d'ivresse,
Sans redouter son taux d'allégresse.

Prendre sa place de conducteur,
Sans plus en avoir peur.
Tourner la clef de contact,
Oublier son trac.

Quitte à souscrire une assurance,
Autant choisir celle de son aisance :
Pour un confort irréfutable,
Pour une confiance imperturbable,
Pour une détermination incontournable,
Pour une ténacité redoutable,
Pour une fiabilité inébranlable.

De la grosse cylindrée,
Au coupé cabriolet,
Le modèle de sa carrosserie,
Restera toujours hors-série.
En version diesel, oser l'excès de zèle.
En version F1, ronger son frein.
Il n'y aura jamais d'automatique,
Mais constamment de la pratique.

…/…

Ne pas oublier de garder,
Une bonne visibilité.
Sur son pare-brise sali,
Actionner le pipi,
Avec ses essuie-glaces,
Enlever les traces.

Dans les rétro, se mirent des informations,
Les consulter, pour son introspection.
Attention à son angle mort,
Il est toujours en tort.

Lorsque l'atmosphère est brumeuse,
Il faut se mettre en veilleuse,
Lorsqu'il fait nuit noire,
Passer des codes aux phares.

Pas de points sur son permis,
Il n'y a que des sursis.
Pas de motards qui sanctionnent,
Mais ses propres radars qui s'actionnent.

Avoir une vitesse individualisée
Et sa direction bien équilibrée,
Pour des dépassements mesurés,
Pour des virages bien négociés,
Pour des dérapages contrôlés,
Pour des créneaux, sans klaxonner.

Au fait ! Pour le stationnement ?
A chacun d'en gérer le temps,
L'horodateur de son propre bonheur,
N'ayant que faire des mauvais payeurs.

Se faire confiance

À mes choix, tu me réponds :

« Mais non ! Ce n'est pas une question de confiance... »
« Oui ! Je te fais confiance, mais... »

Te trahir par ta justification,
Développant ton argumentation.
Avec un manque de foi,
De toute ta bonne foi,
Tu induis ta méfiance,
Préparant d'avance ma défaillance.

Intérieurement désarçonné,
Ne voulant pas te l'avouer,
Cherchant à m'influencer
Pour me faire obtempérer.
Certes t'en sera rassuré,
Seulement pour une courte durée,
Car c'est sans savoir,
Que tôt ou tard,
Dans mon for intérieur,
Privé de mes saveurs,
Je vais te vomir toute mon aigreur.

.../...

Confiance en qui ?
Confiance en lui ?
Confiance en moi ?
Confiance en soi !

Me fier à mon instinct,
Accomplir mes desseins,
Sans plus d'hésitation,
Convaincue de ma décision
Je prends le risque de mon élévation.

A tous les vents, je deviens plus résistante,
Tout aussi vigilante
Sans pour autant me considérer divagante,
Mais de toi, je suis différente.

Mère - fille

De l'enfance à l'adolescence
On ne tourne plus la même séquence.
Mère trop permissive,
Ou mère sur la défensive ?
Mesurer à chaque âge
Les bons dosages.

Lâcher du contrôle,
N'est pas perdre son rôle,
Plus il est tardif,
Plus elle se rebiffe.
Plus vous serez en colère,
Plus elle sera outrancière.
Plus vous la manipulerez
Plus vous serez bernée.
Plus vous baisserez les bras,
Moins « ça lui passera ».

De ce qui vous paraît être normal,
Vous pourriez vous lier dans un infernal.
De ce qui vous paraît insignifiant,
Vous pourriez vous enferrer dans un permanent.

.../...

Lâcher sur son superficiel,
Avant qu'elle ne se complaise dans l'artificiel,
Elle ne peut prendre son envol
Sans passer par le frivole.
Accordez-lui des espaces de liberté
Et elle viendra vous enlacer,
Lorsque pour un essentiel,
Fermement vous ne lèverez plus les yeux au ciel.

La crise,
Elle défrise,
Non seulement inévitable,
Mais surtout souhaitable !
A condition que de notre côté,
Nous assumions l'ado que nous avons été.

La vie en cadeau

Parce que ton frère, avant toi, n'a pas vécu,
J'ai compris que la vie ne m'habitait déjà plus.
Ma fille, merci d'avoir dans ton au-delà,
Accepté de venir habiter mon ici-bas.
Je prends acte de ton don d'amour,
Qui, de ma nuit, a fait lever mon jour.

Je suis passée de la peur de la mort,
À la vie sans remords.
Me débattant avec le verbe survivre,
Tu m'as appris à conjuguer le rire.
Afin que, de ton existence,
Je ne t'en fasse jamais une instance.

Depuis la première fois que tu t'es manifestée.
À chaque moment je t'ai bercée.
Si parfois mon entourage s'est plu à dire :
« Cet enfant, ce n'est pas le moment ! »
Je n'en crois rien,
C'est une chance pour mon destin.

Sans cesser d'être émue,
Me laisser aimer par toi sans retenue.
25 ans complices,
Dans mes bras, encore, tu te glisses,
Charnelle, tu m'abreuves de tes « J. T. M. »,
Irrésistiblement, ils m'entraînent.

Des horizons « Pacifique »

Nouvelle Zélande, Vanuatu, Tahiti, Australie...,
Mère - fille, des avions, nous avons pris.
Nous frotter à d'autres continents,
Même si ce fut aussi pour fuir le moment.
Nous poser sous d'autres latitudes,
Mesurer notre amplitude.
Nous lever sous d'autres parallèles,
Vibrer sous d'autres arcs-en-ciel.

Découvrir des mentalités,
S'enrichir de la diversité,
Un mois, des années,
Une ou cent fois, y retourner.

Aller au bout du monde,
Aller au bout de son monde.
Dépasser les frontières,
Ensemble abattre des barrières.

Sur la terre de France, mère je suis née,
Sur ces terres, femme je suis révélée.

Go for a date !

Moral has ran passed,
Love in 2015 is only to last.
Youth,
Runs after truth.

Every day,
Even on a bank holiday,
I'm working hard, on myself,
Away from a school shelf.
Understanding only what I live,
Experimenting is my only believe.

"F***" the look of others,
Nothing to hide or to bother.
Whether I kiss in public,
Or I'm discreet,
Whether I have sex before the wedding,
Or I'm waiting for a ring !
No rule, can on me, take over,
Searching for my own answer.

My soul under my skin,
I never give in,
No fear, no guilt, nothing is a mistake,
Just a piece of my cake.

La spiritualité

Source féconde,
De créativité et de beauté,
Elle s'exprime avec fluidité,
Sans jamais s'épuiser.

De la plus physique de nos actions,
À la plus profonde de nos réflexions,
Elle inspire en toute discrétion,
Sans aucune discrimination.

Dans des mêmes mots,
Elle met un sens plus beau.
Dans des mêmes couleurs,
Elle met une autre teneur.
Dans des mêmes gestes,
Elle met un air de fête.
Dans un même cœur,
Elle met d'autres valeurs.

Elle est strictement personnelle,
Car sensorielle.
Lorsqu'elle est juste,
À tous, elle s'ajuste.
Partant de l'infiniment petit,
Elle met en harmonie,
Jusqu'à l'infiniment grand,
Qui s'en ressent.

C'est un autre regard sur la vie,
C'est l'art de la Vie !

Les religions

Tant de prophètes sont venus pour un même fait,
La Paix.

Jésus, Mahomet, Jéhovah et d'autres,
Ont tous démontré leur amour des autres.
C'est d'un même esprit qu'ils se sont nourris,
C'est au nom de cet esprit qu'ils ont réuni.

Maintenu dans des leurres,
Loin de sa grandeur,
L'humain en a fait des religions,
Allant jusqu'à se détruire en leurs noms !

De sa liberté, il a fait de la culpabilité,
De sa tolérance, il a fait de la violence,
De sa purification, il a fait une illusion,
De ses sacrements, il a fait des règlements.

.../...

Ce serait si simple d'accepter,
Plusieurs manières de s'exprimer.
Que des écritures,
Chacun ait sa lecture.
Que de sa différence,
Nul besoin de vengeance.
Que de sa peur,
Rien n'en demeure.
Qu'autour de la joie,
Nous ayons tous une même foi.

Où qu'il se trouve, chacun est un temple,
Où qu'il agisse, chacun est un exemple.
Là, est notre identité,
Là, est notre responsabilité.

Sommes-nous justement enseignés ?
Osons-nous encore prier ?

Noël

Fêter Noël chaque jour,
Célébrer sa vie durant 365 jours.

Louer le ciel,
De tous ses espoirs,
Louer le ciel,
De tous ses avoirs.

Savourer son présent,
Autant que l'or, la myrrhe et l'encens.
Honorer tous ses instants,
Autant que cet avènement.

Élever sa conscience,
Embellir son existence,
Élever sa conscience
Perdurer dans la constance.

Vierge de toute préoccupation,
Aspirer au miracle d'une alchimie.
Vierge de toute désillusion,
Aspirer au miracle quotidien de sa vie.

Pâques

Au-delà de mes cercles pré-établis
Élargir mon infini.
M'ouvrir sans sélectionner,
De l'imprévu, tout accepter.
À chaque « autre » m'ouvrir,
Dans la joie d'animer son sourire.

Cosmiquement filiale,
Humainement loyale.
Vraie, authentique,
Pour une réelle mise en pratique.

Crise de foi

S'avouer son véritable désir,
Tout comme dans un dernier soupir.

Ne plus se disperser,
Ne plus vaciller,
Planquée derrière ses compromis,
Dupée par ses propres excuses de la vie.
Cesser de renoncer si facilement
Au premier vent de ses tourments.
Accrocher son objectif
Sans pour autant s'arracher les tifs.

Prendre le temps
De son aboutissement.
Une occasion d'aiguiser sa patience,
Une chance d'affûter son espérance,
Jusqu'à tremper dans le chaudron de sa joie,
Le fer glacé de ses émois.

« Part – donner »
un facteur au ²

Ni bourreaux, ni tribunaux,
Ni accusés, ni jurés.

D'un conflit, impossible de tout porter,
Sans sur autrui tout rejeter.
Qui est enragé, le perpétue,
Qui est désarmé, met son mouchoir dessus.

Dans n'importe quelle situation,
Quelle qu'en soit l'argumentation,
À chacun sa position,
En rétablir une juste redistribution.

Sans aucune compromission,
Honnêtement assumer notre contribution.
Sans de l'autre, attendre une condition,
Chacun répondant de sa propre élévation.

Se libérer des chaînes invisibles,
De nos souffrances nuisibles,
Dénouer nos amalgames,
Retrouver la paix de l'âme.

Notre pardon n'est total,
Que si, à situation égale,
Celle-ci s'aborde en toute légèreté,
Sans les réflexes du passé.

Personne ne le peut pour toi,
Il ne tient qu'à l'amour de soi !

Une vie après la vie

Les Égyptiens commencent leur vie
Lorsque celle-ci sur terre se finit.

Jusqu'à son sarcophage,
Le pharaon prépare son passage.

Des dieux, il est épris,
Seul, pour lui, compte l'infini !

L'espérance

Sur une montagne de Savoie,
Ouvrir une voie.
Par amour de soi,
Découvrir sa foi.

Grimper par obéissance,
Cheminer avec patience,
S'abandonner en toute confiance,
Sans jamais perdre son essence.

À chaque virage,
S'offrir un nouveau visage.
Changer de paysage,
Abandonner ses mirages.

Cramponné, sécurisé,
Encordé à sa liberté,
Ajuster son pas,
Au rythme de son cœur qui bat.

L'espérance est une force,
Qui enfle dans son torse,
Amplifiant notre invisible écorce,
Véritable paratonnerre de nos entorses.

Patience

Persévérer sans prétendre,
Espérer sans attendre,
Garder le secret espoir,
Sans jamais vouloir,
Se garder de toute illusion,
S'épargner les déceptions.

Fredonner à toute heure,
Avec la certitude d'un bonheur,
Qui n'a pas d'heure.

Persévérance

Conforter son ressenti
Dont on est viscéralement épris
Au-delà de tous les dépits
En toute sérénité d'esprit.

Aller au bout de soi-même,
Sans jamais lâcher son thème.
Aussi sûr que du sang coule dans nos veines,
La vie sûrement nous y mène.

Pour un jour être comblé,
Non pas tant de sa félicité,
Mais de sa ténacité,
A n'avoir jamais renoncé.

Orgueil et créativité

Arrêter de chercher la petite bête,
Á s'en donner mal à la tête.

Taire les diverses opinions,
Ne plus s'en faire une obsession,
Sortir de sa science-fiction,
Accepter l'imperfection de sa création.

Vaincre l'appréhension d'être perçu,
Par son œuvre, accepter sa mise à nu.

La beauté

Nos regards et nos esprits formatés,
Ont bien du mal à la discerner.
Elle peut être, à l'écran, très voyante
Ou non apparente, mais bel et bien existante.

Pas besoin d'être mannequin,
Elle se manifeste en chacun.
Il n'y a aucun orgueil
À ce qu'elle attire l'œil.
Ce serait la gâcher,
Que de la dissimuler.
Se serait pécher,
Que de l'ignorer.
Nous n'en sommes pas le propriétaire,
Seulement le dépositaire.

Puissance impalpable de la vie,
Elle est aussi le mystère inexplicable de la survie.
Des guerres, elle en aura vécus,
Mais, jamais elle ne s'avouera vaincue.
Parce qu'en toute chose,
Tôt ou tard, elle s'impose.
Parce qu'en toute situation,
Elle finit par avoir raison.

Par tous nos talents l'exprimer,
Que tous en soyons contaminés,
Et que plus un seul assoiffé,
N'en soit privé.

S'écrire

M'écrire pour tout te dire,
M'écrire pour ne plus retenir.
M'écrire pour tout ressentir,
M'écrire pour ne plus souffrir.
M'écrire pour tout affranchir,
M'écrire pour ne plus me contenir.
M'écrire pour tout bâtir,
M'écrire pour ne plus me fuir.

Écrire pour m'exprimer,
Écrire pour me clarifier,
Écrire pour me relier,
Écrire pour m'identifier,
Écrire pour m'animer,
Écrire pour me parodier,
Écrire pour m'oublier.
Écrire pour me donner.

L'écrire de tout mon être,
L'écrire pour être honnête.
L'écrire de toute ma plume,
L'écrire même sous la lune.
L'écrire de tous mes mots,
L'écrire à flots.
L'écrire de toute ma spontanéité,
L'écrire d'une liberté recouvrée.

Le publier pour témoigner,
Le publier, si un écho venait à résonner.

Une vie,

des milliards de vies.

La suite…   selon mon inspiration.